AF280891

Sonja Kofelenz,
geb. 1967, lebt mit ihrer Familie in Reutte und arbeitet als Bibliothekarin. Interessen: Lesen, Musik, Kultur, Garten, Radfahren und Wandern.

Sonja Kofelenz

Wir Zwei
mein Fahrrad und ich ...

von Reutte nach Venedig

Inklusive Bonus:
Von Reutte an die Donau

Reutte, Jänner 2023

Bibliografische Informationen der Deutschen Nationalbibliothek: Die Deutsche Nationalbibliothek verzeichnet diese Publikation in der Deutschen Nationalbibliografie; detaillierte bibliografische Daten sind im Internet über http://dnb.dnb.de abrufbar.

Text, Fotos, Satz: Sonja Kofelenz

Verlag: BoD · Books on Demand GmbH, Überseering 33, 22297 Hamburg, bod@bod.de
Druck: Libri Plureos GmbH, Friedensallee 273, 22763 Hamburg

ISBN: 978-3-7568-9000-2 - 2 . Auflage
Auch als E-Book erhältlich.
Vorbehaltlich Irrtümer, Satz- und Druckfehler.

Vorgeschichte und Danke!

Im Jahr zuvor, auf meiner Tour von Reutte bis an die Donau, kam ich auf den Geschmack des langsamen Reisens mit dem Fahrrad. Nun reizte es mich, die Via Claudia Augusta in Richtung Süden in Angriff zu nehmen und fing an, mir meine Tour zu planen. Anhand einer genauen Radkarte legte ich die einzelnen Streckenabschnitte fest. Pro Tag nahm ich mir zirka 80 Kilometer vor. Leistbare Unterkünfte waren schnell gefunden, eine bunte Mischung vom Hotel bis zum schlichten Privatzimmer.

Auf dem langen Weg bis ans Meer traf ich Menschen, die mir das Weiterkommen ermöglicht haben. Vor Abfahrt kontrollierte mein Nachbar Erich die Luft in den Reifen – danke dafür – und stellte fest, dass das Lager am Vorderrad nicht einwandfrei lief. Am Montag war ich dann hektisch auf der Suche nach einer Lösung, da ich ja einen eingetakteten Zeitplan einhalten musste. Mein Radhändler hatte Betriebsruhe. Ein weiterer heimischer Händler empfahl mir, gleich ein anderes Rad zu kaufen. Am Spezialwerkzeug scheiterte Schwager Dietmar beim Versuch, an die Mechanik zu gelangen. Trotzdem danke fürs Nachschauen. Es blieb mir nur eine Lösung: Ein Anruf bei meinem Freund Andreas: „Ich muss schnell nach Füssen!" Er hatte Zeit, packte mich samt Fahrrad in seinen Bus und transportierte uns zu Rad Zacherl. Da ich vorab schon meine Ankunft angekündigt hatte, nahm man sich des Problems gleich an. Der nette Fahrradmechaniker zerlegte das Vorderrad und präsentierte mir ein kaputtes Lager. Einen Ersatz zu bestellen war zeitlich nicht möglich. Es blieb mir nichts anderes übrig, als ein neues Vorderrad zu kaufen. Nach Montage meiner Neuerwerbung lief alles wie geschmiert.

Vielen Dank an Josef von Staffler Bike in Lana, der sich flott um die Reparatur des Patschens gekümmert hat. Ohne ihn hätte ich am dritten Tag meine Tour abbrechen müssen.

All den Menschen am Wegesrand vielen Dank, sie haben mir immer gerne und hilfsbereit den Weg gewiesen.

Vielen Dank auch an Markus und Jürgen vom Sportcenter Reutte, die beim wöchentlichen Spinning dafür gesorgt haben, dass ich fit genug war.

Ein großes Dankeschön an meine Familie, Freunde und Bekannte, die mich ermutigt haben. Oft habe ich den Satz „Dass du di des trausch!" (Dass du dich das traust!) gehört. Sie alle haben mich unterstützt und bestärkt, diese Tour zu machen.

Ein Wort zur Sicherheit: Es gab, bis auf meine eingebildete Sorge bei der Begegnung mit dem roten Camper nach Landeck, nie einen Moment, in dem ich mich als Frau, alleine unterwegs, bedroht oder belästigt gefühlt habe. Im Gegenteil: Radfahrer sind in Italien und hier bei uns stets gerne gesehen.

Das Buch widme ich meiner treuen Freundin Ingrid. Ich freue mich jetzt schon auf viele schöne Radtouren, die wir noch gemeinsam unternehmen werden!

Reutte, 2. Jänner 2023

Die Via Claudia Augusta

Bei uns in Reutte ist die berühmte römische Staatsstraße Via Claudia Augusta sehr präsent. Von Italien kommend, an der Ehrenberger Klause vorbei, erstreckt sie sich bis nach Donauwörth. Zwei Meilensteine belegen ihre Existenz. Einer steht in Rabland (Südtirol), der andere in Cesiomaggiore bei Feltre. Das liegt in Venetien. Sie dokumentieren den Namen der Straße, ihre jeweiligen Endpunkte, die Wegstrecke und den Auftraggeber, Kaiser Claudius Augustus. Vor den Römern gab es schon Verbindungen über die Alpen. Aber erst mit dem Alpenfeldzug im Jahr 46 nach Christus und dem Beginn von Handelsbeziehungen war es notwendig, breitere und bessere Straßen zu errichten.

Waren aller Art wurden mit großen Fuhrwerken transportiert. Es gab Handelsposten und Zollstationen. Pferde mussten gewechselt werden. Um diese Zentren haben sich Siedlungen gebildet. Im Museum im Grünen Haus in Reutte hängt ein Bild, das eine solche „Rodfuhr", so nannte man die Transporte, darstellt.

Die Via Claudia Augusta gabelt sich bei Trient in zwei Richtungen. Ein Weg verläuft bis Ostiglia, ein ehemaliger römischer Handelsposten am Po. Die zweite Strecke führt über das Valsugana nach Altinum, einem antiken Hafen an der Adria, nördlich von Venedig.

Das Meer war verlockend, so wählte ich die zweite Variante für die Streckenplanung. Ich lade Sie ein, mich auf meiner über fünfhundert Kilometer langen Reise zu begleiten.

Von Reutte bis Landeck

Streckenführung: *Reutte – Lermoos – Nasserreith – Imst – Landeck*
Tagesetappe: *82 km*
Übernachtung: *Pension Can, Herzog-Friedrich-Str. 32, Landeck*

Wie geplant, starte ich am Dienstag, dem 9. August, pünktlich um neun Uhr. Bereits am Vorabend habe ich die Satteltaschen gefüllt und an meinem E-Bike befestigt. Der Akku ist voll aufgeladen. Ich verstaue noch das restliche Gepäck im Fahrradkorb. Zum Schluss kommt die kleine Kühltasche mit dem Proviant und die Wasserflasche hinzu. Ich verabschiede mich für zwei Wochen von meinem Mann und beginne die Abenteuerreise ans Meer.

Der erste Abschnitt führt mich über die Ehrenbergstraße und den steilen Anstieg bei der Waldrast hinauf zum Burgen-Ensemble Ehrenberg. Wie üblich, tummeln sich dort schon am Morgen die ersten Touristen, um die angebotenen Attraktionen zu besichtigen. Ich rolle durch den Torbogen der Ehrenberger Klause und unter der Hängebrücke Highline 179 hindurch. Das Wetter ist prima und es macht Spaß, die gewohnte Landschaft zu betrachten. Nach einem kurzen Anstieg gelange ich an die Bundesstraße B179, lasse sie links liegen und biege in den Waldweg ein. Diesem folge ich stetig aufwärts bis zur Asphaltstraße, die zum Karlift in Heiterwang führt. Dort nehme ich die Überführung und sause hinab in den Ort. Die Strecke ist vorbildlich ausgeschildert und ich folge dem Via Claudia-Radweg, der entlang der Bahnlinie bis Bichlbach verläuft. Im Ort lege ich kurz eine Trinkpause ein und entdecke einen interessanten Brunnen. Die Skulptur stellt Blütenknospen mit Blättern dar, auf denen viele detailgenau nachgebildete Insekten verteilt sind.

Die Radwegführung verläuft eine Zeit lang an der B179, erst nach Lähn weicht man wieder in den Wald ab. Kurz darauf quere ich die Bundesstraße und gelange so auf den Höhenweg von Lermoos, der linksseitig der

Bahnlinie verläuft. Hinter dem Bahnhof biege ich auf eine steil nach unten führende Straße ein und stoße beim Fischteich auf eine große Infotafel zur Via Claudia. Unten an der Bundesstraße angekommen, nehme ich den gegenüberliegenden, weiterführenden Radweg, der mich dann über das Ehrwalder Moos leitet. Von allen Seiten gurgeln Bächlein.

Es sind viele Vögel zu sehen und die pflanzliche Vielfalt mit ihren seltenen Blüten ist beeindruckend. Dementsprechend treffe ich auf viele Radler und Wanderer, die, so wie ich die Natur genießen. Nach einigen Streckenverwirrungen komme ich in Ehrwald an, suche die weiterführende Wegstrecke und strample bis Biberwier weiter. Ein bisschen Sorge macht mir die Strecke über den Fernpass. Ich kenne sie nur vom Auto aus und habe keine Ahnung, wie fahrradtauglich der Weg sein wird. Aber erst einmal gibt es eine Mittagspause. Was bietet sich da besser an, als am Ufer des Weißensees eine Rast einzulegen. Ich packe mein Käsebrot aus, gönne mir ein Stück Schokolade und mache einige Fotos. Da mir am nächsten Tag die Strecke über den Reschenpass bevorsteht, suche ich im Internet einen Anbieter für ein Bikeshuttle. Per E-Mail kontaktiere ich die Firma Schmid und hoffe, dass sie mich und mein Rad mitnehmen wird.

Auf gehts! Frohen Mutes nehme ich den Fernpass in Angriff. Der Weg gestaltet sich nicht allzu schwierig. Mit einem Mountainbike, noch besser mit dem E-Bike, ist die Strecke über den Pass gut bewältigbar. Der Weg schlängelt sich in Kurven immer höher hinauf. Stellenweise ist er recht grob geschottert und erfordert Sicherheit beim Fahren. Er führt mich durch einen lichtdurchfluteten Wald und dann komme ich oben an. Auf einem Schild entdecke ich den Hinweis auf einen Aussichtspunkt mit dem ansprechenden Namen „Schöne Aussicht". Ich schiebe mein Rad auf dem Pfad um den kleinen Hügel herum und bin überwältigt.

Der Ausblick von dort ist grandios. Ich sehe weit in die Nassereither Gegend hinunter. Steil fällt hier der Hang ab und unten sieht man die Fernpass-Bundesstraße. Ich treffe auf andere Radler und wir tauschen ein paar Worte aus. Wohin fährst du? Was, ganz allein? Solche Gespräche werde ich noch öfter führen.

Der Weg führt wieder hinunter und ich komme auf der Fernpasshöhe hinter einem Gebäude an. Die Bundesstraße liegt links von mir.

In einem Hohlweg entdecke ich seltsame Rillen im felsigen Boden. Na klar! Das sind die im Radführer erwähnten römischen Wagenspuren, die hier perfekt erkennbar sind.

Die Via Claudia führt hier direkt an Felswänden entlang. Ich schiebe mein Rad, da die Holzstege ein Fahren aufgrund der Breite nicht zulassen. Herauskommend beim Schloss Fernstein, führt der Radweg unter einem Tor hindurch und ich bewundere dabei das Bauwerk im Detail. So habe ich es vorher noch nie gesehen.

Nun läuft die Strecke in Serpentinen bis nach Nassereith hinab. Stolz, den Pass bezwungen zu haben, rolle ich durch den Ort, folge am Ortsende der Beschilderung und radle unter der Bundesstraße, die zum Obsteiger Sattel hinaufführt, hindurch. Es ist ein Genuss, durch die lichten Wälder in Richtung Imst zu fahren. Der Radweg, ein gut ausgebauter Forstweg, verläuft linksseitig im Tal und ich mache Tempo. Auf Höhe von Tarrenz lege ich eine kurze Rast ein. Ich habe bis hierher schon 53 Kilometer geschafft. Das linke Knie zieht etwas. An einem smaragdgrünen, eiskalten Bach kühle ich die Füße, esse die Brotzeit auf und kündige mich bei meinen Verwandten in Imst zum Kaffee an. Zeitgleich erhalte ich das Angebot für das Bikeshuttle zum Reschenpass. Beim Preis muss ich erst einmal schlucken. Es ist doch teurer, als ich angenommen habe. Trotzdem buche ich mir den Service und vereinbare Abholort und Zeit.

Bei meinen Verwandten werde ich mit großem Hallo in Empfang genommen und mit Saft und Kaffee bewirtet.

 Eingecremt mit viel Sonnencreme schicken sie mich mit weiteren Streckeninfos wieder auf den Weg. Ab Imst läuft es flott dahin. Ich rolle bis Brennbichl hinunter. Dort finde ich gleich den Einstieg in den Inntal-Radweg, der links herum nach Innsbruck und in die andere Richtung nach Landeck führt. Ich biege rechts ab und folge stets dem Flusslauf. Hier schaffe ich immer über 20 Kilometer in der Stunde, sodass ich um 17 Uhr am Endpunkt des Tages in Landeck eintreffe. Mit dem Handy navigiere ich zu meiner gebuchten Unterkunft. Ich werde von einer netten Wirtin erwartet. Die Fremdenpension ist sehr einfach, aber sauber.

Nach einer ausgiebigen Dusche spaziere ich in die Fußgängerzone von Landeck. Da ich am Vortag keine Zeit mehr hatte, mir verschiedene Drogerieartikel zu kaufen, nutze ich die Gelegenheit, mich zu versorgen. Vor allem deshalb, da die Seife in meiner Unterkunft nach Klostein duftete. Zum Abendessen gönne ich mir einen Teller Käsespätzle und ein großes Radler. Die Stärkung nach so einer langen Radtour ist dringend nötig. Kurz telefoniere ich mit den Kindern zuhause.

Ich bin heute 82 Kilometer geradelt. Aber wie fühle ich

mich nach diesem ersten Radtag? Er war begleitet von der steten Sorge, ob der Akku ausreicht. Da ich den Fernpass nie gefahren war, konnte ich den Akkuverbrauch im Vorfeld nicht abschätzen. Am Abend schmerzten meine Beine und der untere Rücken. Die Sonne hat mich etwas ausgelaugt, aber der Fahrtwind half dabei, dass mir nie zu heiß war. Ich habe festgestellt, dass die Aufwärts-Passagen mehr Zeit kosten und meine Planung dadurch vielleicht nicht aufgehen wird. Es war eine vernünftige Idee, das Bikeshuttle für den kommenden Tag zu buchen.

Neben meinem Bett lädt sich der Akku wieder auf. Ich bin müde und werde gleich schlafen. Wie wird es mir morgen gehen und wie wird sich der nächste Tag entwickeln?

Von Landeck bis Schluderns

Streckenverlauf: *Landeck – Pfunds – Martina – Reschen – Schluderns*
Tagesetappe: *79 km*
Übernachtung: *Small Saldur Activ Hotel, Via Konfall 9, Schluderns*

Früh am nächsten Morgen sitze ich in einer ältlichen Stube vor einem für mich hergerichteten Frühstück. Ich bin der einzige Nächtigungsgast und werde dementsprechend vom Hausherrn persönlich betreut. „Möchten Sie einen Orangensaft?" – „Ein weiches Ei dazu?" und „Wohin geht die Fahrt heute?". Ein üppiges Frühstück wird mir kredenzt. Vom Übriggebliebenen richte ich mir eine Wurstsemmel für unterwegs und schnappe mir einen Apfel.

Um neun Uhr bin ich dann startklar. Das Gepäck wieder wie gewohnt verstaut, rolle ich aus Landeck hinaus. Der Weg führt rechtsseitig am Inn entlang auf einer einspurigen Forststraße durch einen lichten Wald. Etwas unheimlich ist mir der rote Campingbus mit französischem Kennzeichen, der mich seit Landeck verfolgt. Ich werde langsamer und lasse ihn an mir vorbeifahren. In einem verlassenen Waldstück parkt der Bus in einer Ausweiche. Mir wird schon etwas mulmig und ich radle besonders flott daran vorbei. Vor dem Bus ist ein Brunnen, an dem ein junger, ungepflegter Mann einen Wasserkanister auffüllt. Er nickt mir zu. Nach dieser Begeg-

nung habe ich das Fahrzeug nicht mehr bemerkt.

Kurz vor Fließ stoße ich auf ein Kraftwerk mit einem seltsamen Turm. Verschiedene Schautafeln erklären das Bauwerk. Es ist ein Fischlift und das ist für mich als Hobbyanglerin ein verlockendes Objekt. Ich nehme mir die Zeit, die Anlage genau zu besichtigen und an die Lieben zu Hause meinen Fund fotografisch zu übermitteln. Der Weg führt mich nach Prutz bzw. Entbruck. Dort, direkt beim Campingplatz gibt es eine Sauerbrunnen-Quelle. Campinggäste queren mit leeren bzw. vollgefüllten Flaschen den Radweg. Das Wasser muss ich unbedingt probieren. Ich verwende den Deckel meiner Trinkflasche und fülle mir ein paar Schlucke von dem als besonders gesund angepriesenen Getränk ein. Gut, dass die Flasche noch voll mit Leitungswasser ist, denn das säuerliche und mit etwas natürlicher Kohlensäure versehene Sauerbrunnen-Wasser trifft meinen Geschmack nicht. Zudem schmeckt es stark nach Metall.

Nach dem kurzen Stopp quere ich den Inn und fahre an einer Baustelle entlang. Es herrscht starker Verkehr und erst hinter dem Schwimmbad in Prutz komme ich wieder auf

den Radweg. In weiterer Folge radle ich oft über den Inn, der stetig schmäler wird. Nicht nur der Fluss, auch das Tal wird immer enger und wilder. Ich komme durch kleine Ortschaften, freue mich über gepflegte Gärten, in denen Sommerblumen, Gemüse und Obst angebaut wird. Meine Strecke wechselt zwischen Radweg und Landstraße und nach 30 Kilometern erreiche ich Pfunds. In einem kleinen Park vor einer Kirche mache ich Mittags-

pause. Über die Innbrücke gelange ich schließlich ins Zentrum und finde in der Touristen-Information eine Toilette. Plötzlich klimpert etwas in meiner Jacke. Was habe ich denn da für einen Schlüssel dabei? Mir wird ganz heiß! Ich habe doch glatt vergessen, den Zimmerschlüssel der Unterkunft in Landeck abzugeben. Was mache ich jetzt bloß damit? Die gute alte Post muss helfen. In einer Trafik besorge ich ein Kuvert, die Trafikantin berechnet mir genau nach Gewicht das Porto und verschafft mir eine Briefmarke. Schnell verpacken und in den Briefkasten damit. Problem gelöst!

Meine Reise geht weiter. Ich befinde mich in der Inn-Schlucht. Ja, das Tal ist nun ganz eng geworden. Nach sieben Kilometern sehe ich die Brücke bei Altfinstermünz. Es ist eine überdachte alte Steinbrücke, die ich schiebend überquere. Durch den Torbogen gelange ich in die Burg und kehre in der Burgschänke ein.

Nach einem stärkenden Kaffee strample ich die fehlenden Kilometer zum Abholpunkt, komme an die Grenze zwischen Österreich und der Schweiz, und positioniere mich, wie gewünscht, hinter dem Grenzhäuschen auf österreichischer Seite. Eine Viertelstunde warte ich, dann holt man mich pünktlich um 14 Uhr ab. Der Chauffeur lädt mein Rad in den Kofferraum und wir fahren los, hinauf auf den Reschen. Was bin ich froh, den Service in Anspruch genommen zu haben! In elf Kehren windet sich die schmale, stark befahrene Straße zehn Kilometer hinauf. Die Ausgabe hat sich definitiv gelohnt!

Oben werde ich bei den Nauders-Bergbahnen wieder auf die Straße entlassen. Nun führt mich der Radweg über blühende Wiesen und ich komme beim Reschensee an. Bei Graun, das ist der Ort, an dem der allseits bekannte Turm

aus dem Wasser ragt, stoppe ich kurz.

Hier tummeln sich massenhaft Touristen, dem Trubel entkommend radle ich gerne wieder weiter. Der Stausee ist einige Kilometer lang und liegt rund fünf Meter unterhalb des Radwegs. Endlich komme ich an der Staumauer an.

Ab da geht es flott über Wiesen und Wälder abwärts. In St. Valentin wähle ich die Abzweigung nach rechts und fahre am Haider See vorbei. Das ist ein Naturjuwel, gekennzeichnet als Biotop, in welchem man seltene Pflanzen und Tiere beobachten kann. Immer weiter abwärts und teilweise sehr schnell bin ich unterwegs. Ich erreiche Burgeis, komme nach Schleis und fahre in Mals ein. Da will ich gar nicht hin! Eindeutig habe ich eine Abzweigung zu früh genommen. Aber einige Kurven auf der Hauptstraße weiter finde ich zurück auf meinen gewohnten Radweg.

Glurns ist eine Kleinstadt mit einem alten Stadtkern. Ich passiere eines der imposanten Tore aus dicken Steinmauern und lande auf mittelalterlichen Straßen. Holpernd rolle ich über grobes Kopfsteinpflaster und bei einem weiteren, ebenfalls antiken Stadttor hinaus. Es ist nur noch ein kurzer Hüpfer bis Schluderns. Ob ich das Hotel ohne Navigation finde? Ja, ich erinnere mich gut an einen Aufenthalt im Vinschgau, bei dem ich hier mit meiner Freundin Ingrid übernachtet habe. Ich parke mein Rad und werde an der Rezeption herzlich empfangen. „Sie waren ja schon einmal da und kennen sich aus". Dabei stelle ich fest, dass mein Reisepass vor acht Tagen abgelaufen ist. Hoffentlich führt das nicht zu Problemen. Aber zuerst beziehe ich ein modern eingerichtetes Zimmer. Eine Dusche spare ich mir und suche gleich die Sauna und das Schwimmbad auf. Hier erhole und entspanne ich mich, nachdem ich heute 79 Kilometer gefahren bin. Abends wartet ein Luxus-Menü im Restaurant auf mich. Die von mir ausgewählte Unterkunft hat eine ausgezeichnete Küche und ich genieße die vorgesetzten Speisen. Dazu gönne ich mir ein Viertel Weißwein, natürlich aus dem Anbaugebiet vor Ort.

Von Schluderns bis Eppan

Streckenverlauf: *Schluderns – Laas – Latsch – Naturns – Meran – Eppan*
Tagesetappe: *97,5 Kilometer*
Übernachtung: *Haus Ebner, Paulser Str. 30, St. Pauls/Eppan*

Mit einem Tachostand von 161 Kilometern starte ich am dritten Tag meiner Radtour vor neun Uhr. Von Schluderns führt mich der Wegweiser über die Landesstraße durch von Landwirtschaft geprägte Gegend auf den Vinschgau-Radweg. Dieser schlängelt sich rechtsseitig der Etsch an riesigen Apfelplantagen vorbei.

Verschiedensten Sorten, grüne, gelbe und rote, pausbäckige Äpfel begleiten mich an diesem wieder sonnigen Tag. Man bekommt Lust, so eine kleine Vitaminbombe zu pflücken. Vor Laas stoße ich auf einen Stand, an dem sich jeder Passant Äpfel und Apfelsaft gegen ein kleines Entgelt in die Spardose nehmen kann. Zwei Stück wandern gleich in meine Kühltasche und ich muss keine kriminelle Tat begehen. Wie war die Fahrt bis hier? Ich bin durchwegs recht schnell unterwegs, es begegnen mir viele Radler und noch mehr Äpfel, wohin man immer schaut.

Nun sitze ich 50 Kilometer vom heutigen Ausgangspunkt entfernt in einer sogenannten Radstation.

Das sind Gasthäuser oder Restaurants, die sich speziell an Radfahrern orientieren. An solchen Raststationen werde ich noch öfter vorbeikommen. Vor mir habe ich einen frischen Apfelsaft – wie könnte es denn anders sein – und ein Brotzeitbrett mit einem Paar Kaminwurzen und einem „Paarli". Letzteres schmeckt so ähnlich wie die Vinschgerl, die es auch bei uns gibt. Ich befinde mich auf Höhe von Naturns und in der Ferne erkenne ich Schloss Juval oben am Berg. Die Strecke ist prima ausgeschildert und es gibt viele Rastplätze.

Zwanzig Kilometer später wendet sich der Radweg direkt südwärts. Vor Meran quere ich die Straße und komme nach Algund. Dort halte ich an einem Aussichtsplatz mit einem überdimensionierten Holzliegestuhl. Die Aussicht ist grandios. Vor mir breitet sich der Talkessel von Meran aus, um-

kränzt von mit Wein- und Obstplantagen bestückten Hängen. Ab da radle ich flott hinunter. Über eine holzgedeckte alte Brücke komme ich zur Brauerei Forst. Dort folge ich der Markierung eine kleine Landstraße Richtung Marling hinauf. Nach einer WC-Pause strample ich durch Apfelplantagen, verliere total die Orientierung, da die Beschilderung fehlt. Äpfel kann ich keine mehr sehen! Irgendwann stoße ich auf den regulären Radweg nach Bozen. Dem folge ich bis Lana.

Aber dann! Dann macht mein Fahrrad komische Sachen, das Hinterrad schwimmt seltsam herum. Oje, ich habe einen Platten, was tun? Kurz bekomme ich etwas Panik. In einer Kfz-Werkstatt – ja ich weiß, die reparieren keine Fahrräder – weist man mir den Weg zu einem Fahrradhändler. Schiebend erreiche ich das Geschäft, muss dort aber etwas warten, da es erst um drei Uhr aufsperrt.

Zuerst sieht es nicht so aus, als ob ich schnell wieder weiterkomme, dann schnappt sich Mitarbeiter Josef mein Fahrrad, verschwindet mit dem Hinweis, er rufe mich an, wenn's fertig ist, im Keller. Ich gehe in der Zwischenzeit einen Cappuccino trinken. Pling! – macht mein Telefon nach einer Dreiviertelstunde und das Rad hat einen neuen Reifen und einen besonders dicken Schlauch montiert bekommen.

Ich begleiche die Rechnung und mache mich wieder auf den Weg. Wenn ich so recht überlege, hatte ich Glück, dass mir die Panne in Lana, mitten im Ort passiert ist.

Der Beschilderung nach Bozen folgend komme ich auf den Etschradweg, der direkt neben der Autobahn bzw. der Bahnlinie liegt. Schnurgerade strample ich an Gargazone vorbei und nehme dann bei Nals eine Überführung mit Ampel. Richtung Andrian steigt die Straße stets an und ich schalte das Navi am Telefon ein, um meine Unterkunft zu finden. Steil, steiler und immer weiter in Kehren schraubt sich die Straße über Unterrain nach St. Pauls bei Eppan hinauf. Völlig verschwitzt nimmt mich Gerlinde, meine heutige Wirtin, um 17.30 Uhr in Empfang. Ich bin in einem etwas altmodisch eingerichteten Doppelzimmer samt Balkon untergebracht. Erstes Ziel ist die Dusche, dann schnappe ich mir meinen Badeanzug und ein Handtuch und freue mich auf den Pool, den ich im Garten entdeckt habe. Hier ist es wie im Paradies! Äpfel, Birnen, aber auch Feigen, Pfirsiche und Nektarinen umringen mich, sogar Kiwi wachsen unter einer Pergola wie Glöckchen herab. Hinter meinem Liegestuhl hängen vollreife Trauben, sicher die gleichen, die ich auf einem Teller im Zimmer entdeckt habe. Das milde Klima sorgt für eine Blütenpracht, die in allen Farben in dem

gepflegten Garten zu finden ist. Nachdem ich mich im Pool erfrisch habe, erkunde ich den kleinen, malerischen Ort. In einer Pizzeria tanke ich meine Kohlenhydratspeicher mit einer Pizza und einem Eppaner Weißwein wieder auf. Das Zimmer ist bar zu bezahlen, deshalb hole ich mir an einem Bankomaten Bargeld. Mit einem Krimi mache ich es mir dann am kleinen Bistrotisch auf dem Balkon gemütlich und nasche den ganzen Teller Weintrauben auf. Wetterleuchten flammt gegenüber in den Bergen auf. Ob da ein Gewitter kommt?

Vielleicht interessiert es ja den einen oder anderen, was man für eine siebentägige Radtour so alles mitnehmen soll. Der Stauraum ist begrenzt, folglich erstes Gebot: nur das Wichtigste. Für Reparaturen darf Werkzeug, Flickzeug und Fahrradpumpe nicht fehlen. Nicht zu vergessen sind Ladekabel für den Akku und ein Fahrradschloss. Ich hatte etwas Unterwäsche, drei Paar Socken, zwei Radhosen, eine kurze und eine lange Hose, falls es kalt wird, mit. Zudem Regenhose und -Jacke, eine Windjacke und eine etwas wärmere. Nützlich ist ein Schal oder Tuch. Ein kleiner Beutel mit Toilettenartikel, Verbandszeug und notwendigen Medikamenten, Reisedokumente, Bankkarte und Bargeld, Radkarte, Ladekabel für das Telefon und eventuell Badesachen. Zudem habe ich immer eine kleine Tasche für Proviant dabei. Wichtig – und nicht vergessen – einen Fahrradhelm und Beleuchtung für das Fahrrad (Tunnel)!

Von Eppan bis Trient

Streckenverlauf: *Eppan – Bozen – Salurn –*
Mezzocorona – Trient
Tagesetappe: *75 km*
Übernachtung: *Agritur Ponte Alta, Via alla Cascata, Trient*

Gegen fünf Uhr in der Früh donnert es und fängt zu regnen an. Der Schauer dauert nur kurz und um sieben Uhr zeigt sich der Himmel wieder strahlend blau. Die heutige Fahrt wird mich vorbei am Kalterer See, vielleicht mit einem Badestopp, nach Tramin und bei Neumarkt auf den Etschradweg bis Trient bringen. Gerlinde bereitet mir auf dem Balkon ein herrliches Frühstück zu. Ich entdecke von dort oben ihre kleine Wachtelfarm im Garten, von der ich unbedingt ein Foto für meine Tochter brauche. Gestärkt, mit Brotzeit versehen, steige ich bei einem Stand von 256 Kilometern auf mein Rad. Heute heißt es eincremen, es wird ein heißer Tag werden. Die Vegetation ändert sich langsam. Es begleiten mich immer mehr Weinreben und die Äpfel werden weniger. Schnell führt die Strecke auf der Landstraße über St. Michael ins Tal abwärts.

Leider klappt es mit der Route nach Kaltern nicht. Ich verfehle die Abzweigung und komme bis Bozen, das ich ursprünglich umfahren wollte. Dort stoße ich auf den Etschradweg und wähle die Fahrtrichtung nach Trient. Teilweise verläuft die Radwegtrasse mitten in der Etsch, die hier durch einen Damm geteilt ist. Kurz vor Auer lege ich nach 20 Kilometern eine Rast ein. Ein Apfel ist fällig.

Der Radweg ist schnurgerade und dadurch etwas langweilig. Hin und wieder fahre ich unter der Autobahn durch. Vor Neumarkt stoppe ich bei einer hübschen, mit Wein bewachsenen Laube für eine Rast und verspeise mein Mittagessen, das aus einer halben Kaminwurze, einer halben Semmel und einem halben Apfel besteht. Es fängt leicht zu regnen an, und einige Radler stellen sich unter. Die Wartezeit nutze ich, um meine Notizen zu ergänzen. Ich befinde mich im Moment an der Stelle, an der ich nach geplanter Route auf den Etschradweg gestoßen wäre. Ich rolle an Neumarkt vorbei und folge dem elendig langen Damm.

Beim Fahren habe ich Gegenwind und dieser bleibt mir, bis ich in Trient bin. Bei Salurn sehe ich erstmals so richtig die Engstelle der Salurner Klause. Zirka sechs Kilometer weiter sitze ich vor Mezzocorona in einem Bikestopp und schlürfe Cappuccino. In zwanzig Minuten werde ich in Lavis sein und das Navi einschalten. Es ist jetzt 13.30 Uhr und ich bin insgesamt 301 km gefahren. Super! - Mehr wie die Hälfte der gesamten Strecke ist geschafft.

Weinreben begleiten meinen weiteren Weg, in den Plantagen werden die ersten Äpfel geerntet. Riesige Obstlager finden sich am Rand sämtlicher Orte, an denen ich vorbeikomme. Wer pflückt wohl diese Kisten alle voll?

Ewig lang zieht sich die Radtrasse hin. Der Wind macht mir zu schaffen und ich schalte mehr Motorleistung zu. Trinkpausen sind jetzt öfter nötig.

Ich trinke viel und schaue stets, dass irgendwo ein Brunnen ist, an dem ich meine Flasche füllen kann.

Bei Lavis macht der Radweg einen Schwenk in den Ort hinein. Ein langes Stück in diese Richtung trete ich entlang, quere eine Brücke, um auf der anderen Seite des Baches, der von Lavis zur Etsch fließt, wieder retour zu rollen. Bei einem Brunnen treffe ich zwei Radler, zufällig sind sie, gleich wie ich, in Reutte gestartet, mit dem Ziel Gardasee. Sie klagen ebenfalls über den extremen Gegenwind. Kurz vor Trient, das ich schon sehe, schalte ich das Navi ein. Jetzt wird es abenteuerlich! Es lotst mich in die Stadt hinein. Das ist ja schön und gut, eine Besichtigung des historischen Zentrums steht eigentlich nicht auf meinem Programm. Ich soll eine Straße entlangfahren, die es aber gar nicht gibt! Ich drehe um und das Gerät weist mich dann mitten durch die Altstadt am Dom vorbei. Also doch Sightseeing inklusive! Hinter dem imposanten Bauwerk durchquere ich auf recht eigenwilliger Streckenführung eine Parkanlage und gelange am Ende auf eine Straße, die den Berg hochführt. Diese ist stark von Autos frequentiert, leider ist kein Radweg oder zumindest ein Radstreifen vorhanden. Lange mühe ich mich aufwärts ab, bis ich angewiesen werde, links abzubiegen. Über die Ponte Alto („alte Brücke"), eine historische Steinbrücke, erreiche ich nach 100 Metern die Agritur Ponte Alto. Es handelt sich um eine moderne Appartementanlage, die, den vielen Fahrzeugen auf dem Parkplatz nach, voll ausgebucht ist. Aber: Es ist niemand da, der mich in Empfang nimmt. Eine Telefonnummer auf dem Blumentopf! Ich rufe da an und informiere die Dame auf Englisch, dass ich da bin. Sie weist mich telefonisch zu meinem Zimmer im ersten Stock. Dort finde ich die Zimmerkarte unter dem Fußabstreifer, die mir die Tür zu einem zwar kleinen, aber modern eingerichteten Raum mit allem, was man braucht, öffnet. Ich dusche, schlafe etwas und begebe mich auf die Suche nach einem Restaurant. Zu Fuß, heute steige ich nicht mehr aufs Rad, gehe ich zurück zur Ponte Alto und setze mich in den Biergarten von La Gnoccata. Das Restaurant hat noch zu, ich bin zu früh dran, aber ein kleines Bier bekomme ich doch.

Nachdem ich die Speisekarte studiert habe, beschließe ich, die Spezialität Gnocco und Tigella als Vorspeise zu probieren. Beim Hauptgericht fällt meine Wahl auf Tagliatelle mit Ragout. Ich erhalte ein Brett mit verschiedenen Schinkensorten, Lardo (das ist weißer Speck) und einer Käsecreme. Dazu im Brotkorb ein Gnocco und zwei Tigelle. Ein Gnocco ist so etwas ähnliches wie bei uns Hasenohren, also ein frittiertes Schmalzgebäck, das innen hohl ist. Ein Tigella besteht aus Hefeteig und wird ebenfalls in Fett gebacken. Wenn ihr die Gelegenheit habt, so etwas auszuprobieren, kann ich es euch nur wärmstens empfehlen. Dazu passt ein lokaler Rotwein, ich habe mir einen Sangiovese bestellt. Es fängt leicht zu regnen an und ich spaziere nach dem köstlichen Mahl in mein Quartier zurück.

Von Trient bis Lamon

Streckenverlauf: *Trient – Pergine Valsugana –*
Borgo – Castello Tesino – Lamon
Tagesetappe: *86 km*
Unterkunft: *Hotel Stella d'Oro, Via Roma 7, Lamon*

Um acht in der Früh steige ich die Treppe zur Terrasse hinunter. Dort haben sich schon Gäste zum Frühstück eingefunden. Es gibt sehr viel süßes Gebäck, aber am meisten freue ich mich über das frische Obst, sogar Feigen sind dabei. Der Tag verspricht spannend zu werden. Ich sehe vielen Höhenmetern entgegen. Der nette Rezeptionist erklärt mir, wie ich auf die in meiner Radkarte angegebene Straße komme. Über mehrere Kurven gelange ich endlich nach oben und wende mich in Richtung Civezzano. Mein erstes Ziel ist Pergine Valsugana.

Aber bis dahin erfordert es einiges an Schmalz in den Beinen und einem Spürsinn als Fährtenleser. Stets auf einer kleinen Landstraße fahre ich hoch über dem Tal dahin. Bei Pergine hinunter, an einem Sportplatz vorbei und ich strande auf einem Platz, an dem der Wochenmarkt stattfindet. Meine angegebene Strecke ist blockiert. Wo soll ich jetzt weiterfahren? Ich versuche, den Markt zu umfahren, und kenne mich dann gar nicht mehr aus. Es hilft nichts, ich muss fragen. Nach wenigen italienischen Wortfragmenten und viel Gestik meinerseits erklärt mir dann ein Ehepaar, wie ich wieder auf die richtige Spur komme. Meine Freude ist groß, aber nicht lange! Steil, steiler und noch höher hinauf quäle ich mich bis in das Örtchen Zava. Dort stehe ich nun. Geradeaus, links oder gar rechts? Mein Radführer hilft hier überhaupt nicht mehr, da an der Straße keine Hinweisschilder angebracht sind.

Wieder ist es ein Einheimischer, der mir auf Italienisch(!) erklärt, wo ich hinunterfahren muss. „Attenzione!", ruft er mir noch nach.

Ich fahre auf Anweisung eine extrem steile, betonierte Rampe hinunter, dabei komme ich ins Schwitzen. Hoffentlich halten die Bremsen! Ich lande dann in Ischia, einem Ort am Caldonazzo-See. Mir reicht es jetzt. Wenn ich daran denke, welche Strecke ich heute noch vor mir habe! An der stark befahrenen Uferstraße schmeiße ich mich in den Verkehr und hangle mich am Radstreifen entlang. Oje! Jetzt kommt ein Tunnel. In einer Ausweiche klemme ich mir mein Rücklicht an, damit die Autofahrer mich sehen. Einige Rennradfahrer sausen an mir vorbei in die finstere Röhre. Schnell trete ich durch den Tunnel, der Gott sei Dank nicht allzu lang ist. Auf den ursprünglichen Weg komme ich nicht mehr hoch, so bleibe ich auf der Straße und biege am Ende des Sees nach Brenta ein. Zu meiner großen Freude finde ich hier endlich wieder einen Radweg, der entlang von Maisfeldern an der gleichnamigen Brenta entlangführt. Entspannt

geht es an Levico Terme, Novaledo, und Roncegno Terme vorbei und ich komme in Borgo an. An einem netten Rastplatz mache ich Mittagspause.

Mein Fahrradakku ist schon halb leer. Hoffentlich reicht der Strom bis zur nächsten Unterkunft. Bei Borgo quere ich die Brenta, erreiche Castelnuovo und fahre nach Scurelle hoch. Immer weiter führt die Straße aufwärts. Ja, leider kein Radweg mehr. In Kehren zieht es sich bis Samone und ab da relativ flach nach Bieno. Und welch ein Wunder! Ein Via Claudia-Schild! Ich rolle an einem kleinen Biotop vorbei und erreiche die Passhöhe Passo della Forcella. Nun fahre ich lange Zeit abwärts. Weiter gehts bis Pieve Tesino und Castello Tesino. Ein tiefes, wildes Tal liegt auf meiner linken Seite, und in Serpentinen, vorbei an einsamen Gehöften erreiche ich schnell Roa. Mehrere Kehren weiter stehe ich an der Grenze zu Venetien.

Eine Brücke überspannt den Fluss. Rechts, das Tal abwärts, geht es nach Feltre, aber ich fahre in die andere Richtung. Der Akku hat schon längere Zeit nur einen Balken! Bitte, bitte, ein Stückchen weiter noch! Es sind nur vier Kilometer bis nach Lamon hinauf. Na ja, für einen hat es gereicht, dann war Schluss. Ich schiebe, und, wo es flach ist, trete ich ein paar Meter. Steil führt die Landstraße an bewirtschafteten Hängen entlang, erste Häuser kommen, wieder eine Kehre, und dann bin ich in Lamon angekommen. Total fertig, schiebe ich das Rad über das Kopfsteinpflaster bis zum Hotel.

Hier erwartet mich wieder eine Herausforderung. Es spricht niemand meiner Gastgeber englisch oder deutsch. Mit Gesten kommunizierend schaffe ich es aber, das reservierte Zimmer zu beziehen. Das Fahrrad, das mich heute so brav begleitet hat, bekommt gegenüber in einer Garage einen Abstellplatz. Nach einer ausgiebigen Dusche stelle ich mir, im Bett liegend, die Strecke des morgigen Tages vor.

Mir ist nicht wohl dabei, wenn ich an die Passstrecken denke, die auf mich warten. Gleich zwei anspruchsvolle Anstiege, die ich mit meinem Akku nach den heutigen Erfahrungen wahrscheinlich nicht schaffen werde. Ich beschließe bei einem kühlen Bier in einer Bar, fernab der Via Claudia weiterzufahren. Ich werde wieder hinunter ins Tal radeln, den Weg über Feltre am Piave entlang nach Valdobbiadene nehmen und von dort über Landstraßen zum Ziel Pieve di Soglio fahren. Vor dem Abendessen drehe ich eine Runde durch das Dorf und schaue in die Kirche hinein. Es findet ein Gottesdienst statt. Ich setze mich kurz dazu und stelle fest, dass im Italienischen die Floskeln gleich sind, wie bei einer in deutscher Sprache abgehaltenen Messe. Auf dem Platz steht eine Infotafel der Via Claudia, total verwittert und nicht zu lesen. Eine Schande! Es ist nicht die erste in einem so erbärmlichen Zustand, an der ich vorbeikomme. Viele dieser Hinweise sind stark verblichen, übersprüht und nicht mehr lesbar.

Das Abendessen habe ich im Hotel reserviert. Ich bestelle Taglioline mit Porcini (schmale Bandnudeln mit Steinpilzen), die, mit viel Butter serviert, herrlich schmecken.

Dazu gibt es einen gemischten Salat, den ich aber erst danach bekomme. Mein Menü schließe ich mit einem Affogato ab (Vanilleeis mit Espresso).

Ach ja, zu erwähnen ist der schäbige Zustand des ältlichen Hotels, das Badezimmer ist ein Plastikgehäuse, das man ins Zimmer gestellt hat und darin riecht es furchtbar nach irgendeiner Chemikalie. Die Tür mache ich sicher nicht oft auf! So, jetzt ab ins Bett!

Von Lamon bis Pieve di Soglio

Streckenverlauf: *Lamon – Feltre - Valdobbiadene – Pieve di Soglio*
Tagesetappe: *66 km*
Unterkunft: *B&B Miro, Via Giosué Giaducci, Pieve di Soglio*

Ich sitze um halb elf Uhr vormittags vor der Kirche in Fonzaso. Hinter mir ist Sonntagsgottesdienst. Zum Frühstück hatte ich heute Café bestellt, bekam nur einen Espresso, dazu gab es frische Melone mit Schinken. Von Lamon radelte ich zuerst die Fahrstraße hinunter. Vor einem Tunnel nahm ich die vorbeiführende alte Straße, die hoch über einer Schlucht stets abwärts wies.

Im Tal angelangt folgte ich der Landstraße und siehe da! Viele Via Claudia Augusta-Schilder tauchten plötzlich auf. Warum war diese Strecke nicht in meinem Radführer eingezeichnet? Einige Höhenmeter wären mir erspart geblieben, wenn ich das gewusst hätte. Ja, und stellt euch vor, ab hier klappt es mit der Wegführung. Ich rolle durch kleine Ortschaften und komme in Feltre an. Die Kleinstadt gehörte in der Kaiserzeit einmal zu Österreich. Es gibt prächtige Gebäude, nette Cafés und einen großen, imposanten Dom. Schon wieder eine Messe! Ich überbrücke die Wartezeit in einem Straßencafé mit Lemonata und einem matschigen Tramezzini, gefüllt mit Thunfisch und Oliven. Trotz der schwammigen Konsistenz schmeckt es mir. Die Messe  im Dom ist um halb zwölf endlich aus und ich werfe ungestört einen Blick in den Prunkbau. Innen ist er schlicht gehalten, mit einigen schön gearbeitete Heiligenfiguren bestückt. Ab Feltre schlage ich, wie gestern beschlossen, eine andere Richtung ein. Ich kann mich nicht mehr auf meine Karte verlassen und fahre mit der Navigationsapp des Handys. Zehn Kilometer lang folge ich einer verkehrsreichen Straße und quere vor Segusino den Piave, an dem sich viele Badegäste tummeln. Auf der anderen Seite bin ich weniger Verkehr ausgesetzt. Ich komme an einen Kreisverkehr, rolle darüber und stehe vor einer Absperrung. Was jetzt? Plötzlich höre ich von oberhalb eine Stimme. „Vai, vai, passa!", ruft mir eine Frau aus ihrem Garten zu. Aha, ich soll trotz Fahrverbot weiterfahren! Gut, also schlängle ich mich am Bollwerk vorbei und rufe ein „Mille Grazie!" nach oben. Bald stehe ich aber vor einem versperrten Tunnel. Das hatten wir doch schon! Rechts führt ein Weg vorbei. Einige Steinhaufen auf der rissigen Fahrbahn zeugen von lockerem Gestein, das von oben herunterkommt. Am Ende der Umfahrung quetsche ich mich an einem Bauzaun entlang und komme in Segusino wieder auf die Straße. Mein Weg führt nun an San Vito vorbei durch die Prosecco-Gegend. Überall hängen dicke Trauben an den Rebstöcken. Habe ich es schon erwähnt? Die Berge liegen hinter mir, vor mir ist nix ... das heißt, die Gegend ist flach geworden. Bei Valdobbiadene, den Ort kennt jeder Liebhaber des prickelnden Prosecco, raste ich unter einer Ulme. Ich gönne mir eine Brotzeit und kann es nicht lassen, an den Trauben, die vor mir hängen, zu naschen. Sie sind klein, aber richtig süß. Eine Stunde Fahrzeit liegt noch vor mir, mal sehen, ob ich irgendwo einen Cappuccino bekomme.

Mein Telefon hat sich abgeschaltet. Durch die ständig laufende Navigationsapp und die direkte Sonneneinstrahlung ist dem Gerät zu heiß geworden. So lege ich eine Zwangspause ein und finde ein putziges Café in Santo Stefano. Im Schatten mit einem Canolo, das ist so was wie eine Schaumrolle, warte ich, bis ich wieder

nachschauen kann, wo ich eigentlich bin. Die kleinen, lecker anzusehenden Gebäckstücke haben es in sich. Sie sind üppig mit Nougatcreme gefüllt. Viele kann man davon nicht essen.

Ich bin jedes Mal erstaunt, wie günstig der Kaffee hier ist. Nur 2,80 Euro habe ich inklusive Kuchenstücke bezahlt. Erst einmal waren es sogar nur 1,50 Euro für einen Cappuccino. Bei Altfinstermünz muss man mehr als das Doppelte für einen Muntermacher berappen.

Nur noch acht Kilometer zu fahren. Heute liege ich gut in der Zeit und beeile mich nicht bis zum Ziel dieses Tages. Es war definitiv ein entspannter

Tag. Zwischendurch braucht das Telefon wieder eine Abkühlung. Und deshalb stehe ich in der Pampa, im Schatten eines Campanile, eines Glockenturms, der zur danebenliegenden Kirche gehört.

Ein kurzes Stück meines Weges radle ich auf Feldwegen direkt durch die Weingärten. Die App lotst mich durch Col San Martino und an Farra di Soligo vorbei in die Stadt Pieve di Soligo. Ich komme am imposanten Platz mit einer großen Kirche vorbei. Wieder ein einzeln stehender Campanile. Langsam mache ich mir Sorgen, ob der Handyakku so lange hält, dass ich meine Unterkunft noch erreiche. Aber ich schaffe es gerade so bis zum B&B Miro, das im Vorort Barbisano liegt. Dort werde ich von Roberto in Empfang genommen. Er zeigt mir, wo ich das Rad parken kann und kümmert sich gleich um das Laden des Akkus. Dann hilft er mir, mein Gepäck aufs Zimmer zu tragen. Was sage ich: Zimmer! Ich habe eine ganze, neue Wohnung für mich allein. Diese ist modern, in italie-

nischem Stil eingerichtet. Da sich kein Restaurant im Umkreis befindet, verspricht mir Roberto, Pasta und Sugo zu bringen, damit ich mir etwas kochen kann. Nach einer Dusche setze ich mich erfrischt mit meinem Strickzeug in den Garten. Überraschung! Roberto kommt mit einem Tablett, seine Frau Michela im Schlepptau, zu mir und serviert eine Flasche Prosecco mit Knabbergebäck. Ich fühle mich richtig lieb umsorgt.

Etwas Sorgen bereitet mir im Moment die Parksituation in Venedig für das Fahrrad. Wie ich aus meinem Radführer entnehme, ist das Radfahren auf der Insel verboten, ebenfalls das Schieben. Nach fleißigem Recherchieren am Nachmittag gibt es nur folgende Lösungen: Ich nehme die Autofähre direkt zum Lido und stelle mein Rad beim Hotel unter, oder ich suche mir einen Stellplatz in einem der großen Parkhäuser. Die Entscheidung werde ich dann vor Ort fällen und lass es auf mich zukommen.

Zurück in meiner hübschen Wohnung koche ich mir Spaghetti mit Tomatensugo. Sogar einen Salat kann ich mir machen, mit frischen Tomaten und Gurken aus dem Garten. Nach dem Essen kuschle ich mich auf das Sofa, lese ein bisschen und gehe ins Bett.

Zur Info: Die Originalstrecke von Lamon bis Pieve di Soligo verläuft über den Pass Croce d' Aune, von da wieder bergauf bis Cesiomaggiore. Bei Busche überquert die Via Claudia den Piave. Weiter folgt ein steiler Anstieg, an Villa vorbei, über den Passo Praderadego, welcher auf 910 m Höhe liegt. Ab dort abwärts bis Pieve die Soligo.

Von Pieve bis Venedig

Streckenverlauf: *Barbisano – Treviso – Venedig*
Tagesetappe: *75 km*
Unterkunft: *Hotel Petit Palais, Venedig Lido*

Mein letzter Tag beginnt. Ich braue mir erst einmal einen Kaffee. Brot gibt es keines, aber jede Menge Zwieback und Marmelade. Auch Obst und Joghurt ist da. Mit den restlichen Tomaten, einer Banane und einem Apfel fülle ich die Brotzeitdose, dann sammle ich meine Sachen zusammen und packe das Fahrrad wieder auf.

Roberto und Michela winken mir zum Abschied nach. Diese Unterkunft empfehle ich jedem wärmstens, nicht einmal das Abendessen haben sie mich zahlen lassen!

Zuerst strample ich an einer Staatsstraße entlang. Heute ist der 15. August, in Italien ein Feiertag. Trotzdem herrscht viel Verkehr. Nach Colfosco quere ich den Piave bei Ponte della Priula und komme durch Spresiano.

Bei Visnadello richte ich mich nach links, um den Anschluss zur Via Claudia zu finden. Hinter der Bahnlinie stoße ich auf die Originalstrecke. Es geht auf kleinen Straßen durch Lovadina, ich streife Catena und Lancengo. Bald lotsen mich  die Schilder Richtung Treviso. Das ist doch eine größere Stadt. Bis ich im Zentrum bin, braucht es etwas Zeit. In der Altstadt setze ich mich in ein Café und bestelle mir ein Tramezzini und ein Wasser.

Man merkt, dass es viele Attraktionen gibt, es tummeln sich zahlreiche Touristen in den kleinen Gassen. Gegen ein Uhr starte ich wieder in direkter Linie nach Venedig. Die SS13 läuft schnurgerade Richtung Süden. Leider gibt es keinen Radweg, nur diesen schmalen Streifen auf der Seite. Bereits um 14.30 Uhr erreiche ich Mestre. Jetzt sind es noch knapp 13 Kilometer bis Venedig. Wahnsinn! Ich bin bald da und kann es gar nicht fassen. Fotos mache ich auf diesem Teil der Strecke fast keine. Attraktive Motive bieten sich an der langen, geraden Straße nicht an. Neben mir ein schmutziges Rinnsal, ich sehe ein paar Enten, die darin Futter suchen. Und ja, dann der viele Verkehr. Da schaut man, dass man weiterkommt. Nun sitze ich in einem Park unter großen Bäumen und raste mich ein bisschen aus. Ich bin jetzt insgesamt 545 Kilometer gefahren.

Zur Info: Die Originalstrecke von Pieve di Soligo bis Venedig weist durch Barbisano hinauf zum Castello de Collalto, von dort über Susegana bis Santa Lucia und dann Richtung

Süden zur Ponte della Priula. Ab dem nächsten Wegpunkt Treviso leitet der Weg nach Silea, an Casale sul Sile vorbei, unter der Autobahn A4 hindurch, bis Quarto d'Altino. Hier gabelt sich die Strecke, geradeaus kommt man nach Altino und rechts erreicht man Venedig.

Mein Fahrrad hat mich die ganze Strecke treu begleitet. Anfangs hatte ich mit der Panne ein bisschen Pech, aber nun läuft es prima. Die letzten Meter werden wir auch noch gemeinsam schaffen.

Und dann ist es soweit. Ich sitze in einem Café am Bahnhof Santa Lucia in Venedig vor einem Cappuccino. Vor mir tuckern Wassertaxis und Wasserbusse den Canale Grande rauf und runter. Ja, ich bin in Venedig und kann es gar nicht glauben. Alles ist gut gegangen! Meine Tochter Maria wird in einer Stunde mit dem Zug aus Innsbruck ankommen, dann erholen wir uns am Strand. Meine Radtour ist zu Ende.

Um 16 Uhr bin ich über die lange Brücke auf die Isola di Venezia geradelt. Das war ein erhabenes Gefühl! Vorher hatte ich etwas Stress auf der Straße bei Mestre. Ich fand die Einfahrt zum Radweg nicht, der über die Brücke führt und radelte, einen halben Meter neben mir die Straßenbahnschienen, mit dem Fließverkehr mit. Kurz vor Brückenanfang fand ich, Gott sei Dank, eine Lücke, um auf den Radweg zu schlüpfen. Die Fahrt über die kilometerlange Verbindung hätte ich ohne Unfall nicht überstanden. Mir fiel ein großer Stein vom Herzen und ich musste mich auf der Steinmauer der Brücke sitzend erst einmal beruhigen. Am anderen Ende führte der Radweg direkt in den Bici-Park. Das ist ein

Parkhaus nur für Fahrräder. Auf gut Glück probierte ich, ob ein Platz frei ist. Nur noch wenige Boxen waren nicht belegt. Gleich sicherte ich mir eine und erhielt einen Code. Mit diesem entsperrte ich die Türe meiner gemieteten Box, holte nur das vom Fahrrad, was ich in den nächsten Tagen benötigen würde, und schob das Rad in sein wohlverdientes Ruhequartier. Erst am Freitag würde ich es wieder aus der Aufbewahrung holen. Somit hatte sich das Fahrradproblem in Wohlgefallen aufgelöst.

Tipp für Venedig-Radler: Diese Boxen kann man online im Voraus reservieren. Das zahlt sich aus, wenn eine größere Gruppe unterwegs ist. So aufs Geratewohl ist nicht garantiert, dass man eine Abstellbox bekommt.

Beim Infoschalter im Bahnhof klärte ich die Fahrradmitnahme im Zug für die Rückfahrt und besorgte gleich zwei Tickets für den Wasserbus zum Lido. Der Lido ist eine langgestreckte, Venedig vorgelagerte Insel, die meerseitig zugewandt Sandstrände besitzt. Als Maria dann endlich aus dem Zug steigt, kann unser wohlverdienter Erholungsurlaub beginnen.

Von Reutte an die Donau

Den Lechweg von seiner Quelle am Formarinsee in Lech bis nach Füssen zu den Lechfällen kennt man bei uns schon recht gut. Der Weg führt aber über 200 km weiter, bis er sein Ziel, die Donau bei Marxheim, erreicht und sich mit ihr vereint. Er ist oft mit der Via Claudia August identisch.

Bei bestem Wetter startete ich im Frühsommer des Vorjahres meine schon seit langem geplante Radtour entlang des Lechs bis zur Donau. Das Fahrrad stand mit zwei Satteltaschen versehen bereit, die Radkarte war auf der richtigen Seite aufgeschlagen und eine kleine Brotzeit eingepackt. Um 9 Uhr morgens ging es dann endlich los.

Von Reutte bis Schongau *(68 km)*

Ich radelte aus Reutte hinaus und bog bei Pflach in die Alte Straße ein. Nach einer kurzen Steigung mündet der Weg in die Bundesstraße, der ich ein Stück folgte und knapp hinter einer kleinen Kapelle in Richtung Kniepass/Pinswang abzweigte. Es sind nur wenige steile Kurven, dann war der Pass bezwungen. Wieder unten im Tal rollte ich auf der Landstraße durch das landwirtschaftlich geprägte Tal. Ich nahm die Abzweigung zum Gasthof Schluxen. Dort fängt die Fürstenstraße an, die in wenigen Serpentinen zum Grenzübergang nach Deutschland führt. Die Grenze liegt mitten im Wald. Ab dem Grenzbalken ist die Fürstenstraße asphaltiert.

Eine lange Abfahrt durch überwiegend lichtdurchflutete Buchenwälder stand mir bevor.

Kurz vor Schwangau stieß ich auf die ersten Touristen, die unterwegs zum Schloss Hohenschwangau waren. Dann kam ich am Alpsee an. Über mir thronte Schloss Neuschwanstein und unten an den Souvenirständen und Kassen tummelten sich unzählige Gäste, die diese Attraktionen besichtigen wollten. Ich war froh, das Gewühl hinter mir zu lassen.

Mein Fokus lag auf der vor mir liegenden Strecke an der Kolomanskapelle vorbei zum Bannwaldsee. Die ersten 20 Kilometer waren geschafft und eine Rast mit einem Sprung ins Wasser kam mir gelegen.

Der Radweg führt auf gut ausgeschilderten Strecken über Felder nach Buching, Halblech und Trauchgau. Dort querte ich die Hauptstraße. Stets auf- und abwärts durch landwirtschaftliche Gebiete, kühle Waldstücke und an Gehöften vorbei, kam ich in den Ort Resle.

Nach fünf weiteren Kilometern sah ich die Wieskirche, ein herrlicher Anblick. Ein kurzer Kirchenbesuch und eine Stärkung im Gasthof war nach der halben Tagesetappe angebracht.

Erfrischt brach ich wieder auf und traf auf mehrere Ziegenherden, die neugierig näher kamen. Die Strecke wies bergab, am Badweiher vorbei, nach Steingaden. Von dort führt die Radstrecke zum Lech hinunter, den ich bei Illach, hier ist

die Staustufe 3, erreichte. Rechtsseitig folgte ich dem Weg bis zum Schongauer Lechsee und wechselte die Seite, um, ohne über Peiting zu fahren, direkt nach Schongau zu gelangen. Die Altstadt von Schongau liegt erhöht und ist von einer imposanten Stadtmauer umgeben. Durch verschiedene Tore kommt man in das sehenswerte Zentrum mit prächtigen Bürgerhäusern. Am Ziel angekommen suchte ich mein Hotel und gönnte mir ein deftiges Abendessen im Schongauer Sudhaus.

Von Schongau bis Augsburg   *(74 km)*

Wieder startete ich nach einem ausgezeichneten Frühstück um neun Uhr. Anfangs rollte ich durch ein Industriegebiet und die Handelszone. Hohenfurch ließ ich links liegen und

strampelte nach Kinsau. Noch in Hohenfurch wartete eine
Überraschung auf mich. In einem Garten hatte ein Ehepaar
eine Modelleisenbahn-Anlage aufgebaut, die die gesamte
Gartenfläche einnahm. Verschiedene Züge fuhren herum,
Modellhäuser und lustige Szenen waren detailgenau nachge-
baut. Die Besitzer luden mich ein, ihre, in mühevoller Klein-
arbeit erstellte Anlage zu besichtigen. Das ließ ich mir nicht
zweimal sagen!

Der Radweg führte mich weiter linksseitig durch die Lechau-
en bis Epfach. Ab der Staustufe 11 fuhr ich ein Stück an der
Hauptstraße entlang, bis ich bei Mundraching den Lech wieder überquerte. Ab da fährt man durch herrliche Laubwälder
und kommt bei Pöring in ein wunderschönes Naherholungs-
gebiet, direkt am Lech. Auf Empfehlung des Radführers
kehrte ich in der Teufelsmühle ein. Das ist ein beliebter Aus-
flugsgasthof, direkt an den Lechauen. Ich radelte entspannt

durch die Aulandschaft bis Landsberg, durchquerte die Altstadt und fuhr bis Kaufering, querte den Lech und blieb stets nah am Fluss. Ab der Staustufe 20 führte mich der Weg über Felder nach Pittriching, wo ich am Ortsanfang auf die Assissi-Kapelle stieß. Dieses Kleinod ist vollständig aus Kupfer gebaut, daneben steht eine kleinere Marienkapelle und ein Brotzeittisch, der zum Picknick einlädt.

Der Lech hat sehr viele Staustufen, wie ich feststellte. Bei Nummer 22 querte ich wieder, fuhr hinter einem Damm am Mandichosee vorbei und strampelte, dann doch schon langsam müde werdend, durch ausgedehnte Wälder, die mit verschiedensten Lehrpfaden versehen sind, Augsburg entgegen. Es gab immer wieder Hinweise auf Wildschweine,

gesehen habe ich aber keine. Am Zoo und am Botanischen Garten vorbei, durch ein Tor und ich stand mit meinem Rad in der Altstadt. Gleich hinter dem Dom fand ich das gebuchte Hotel und genoss am Abend die Atmosphäre bei einem feinen Essen.

Von Augsburg bis an die Donau   *(54 km)*

Den dritten Tag startete ich mit einer Besichtigung des Doms, der am Abend zuvor schon geschlossen war. Dann radelte ich aus der Stadt nach Norden hinaus und folgte dem Radweg, der ident mit der Via Claudia Augusta ist. Ab hier ist der einstmals wilde Lech stark reguliert. Eine Staustufe folgt der anderen, und der Radweg verläuft schnurgerade auf oder hinter einem Damm. Mein Weg führte mich ins Hinterland, nach Sand hinauf. Dort kam ich auf Nebenstraßen bis Thierhaupten, radelte durch den Klosterhof und verfuhr mich! Ich landete dann auf der anderen Lechseite, der ich durch kleine Orte folgte. Aber wie komme ich wieder hinüber? Dies gelang mir erst bei Ellgau mit Hilfe zweier älterer Damen, die mir den Weg zum Kraftwerk wiesen. Aber bei einer Staustufe über den Fluss zu kommen, ist nicht einfach. Ich schleppte mein schweres Rad eine steile Metallstiege hoch und auf der anderen Seite wieder hinun-

ter. Das war sehr anstrengend! Ich erholte mich erst einmal in den kühlen Lechauen, dann radelte ich weiter bis Rain. Auf Empfehlung des Radführers besuchte ich kurz den Dehner Blumenpark, aufgrund der Hitze setzte ich meinen Weg aber fort. Nach wenigen Kilometern und kleinen Ortschaften nä-

herte ich mich einem Au-
waldgebiet und erreichte
bei Marxheim die Brücke
über die Donau. Von die-
ser Stelle aus betrachtete
ich den Lech, wie er sich
mit der Donau vereint.
Ich war an meinem Ziel
angekommen.

Bisher erschienen:

 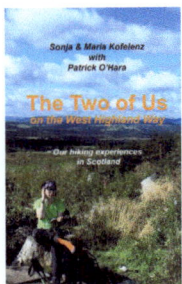

Wir Zwei auf dem West Highland Way ISBN: 978-3743179417

The Two of Us on the West Highland Way ISBN: 978-3743166318

Wir Zwei und die Yucatàn Highlights
ISBN: 978-3748183273

Wir Zwei umrunden die Isle of Wight
ISBN: 978-3752666946